Ioannis Tzivanakis

AF208766

ADHS
entschlüsselt

ITV

Verlag: Ioannis Tzivanakis Verlag, Hamburg 2018.

Printed in Germany.

ISBN 978-3-940493-13-2

www.adhsentschluesselt.com

Bibliografische Information der Deutschen Nationalbibliothek:
Die Deutsche Nationalbibliothek verzeichnet diese Publikation
in der Deutschen Nationalbibliografie; detaillierte bibliografische Daten sind im Internet über www.dnb.de abrufbar.

Inhalt

Für Inghard

Was Einstein und Newton sonst noch gemeinsam haben - Eine Einleitung

„Ich weiß nicht, wie die anderen mich sehen, aber ich selbst komme mir vor wie ein kleiner Junge, der am Strand spielt und sich freut, wenn er hier und da einen besonders glatten Kieselstein oder eine besonders schöne Muschel findet, während der große Ozean der Wahrheit völlig unentdeckt vor ihm liegt."

Isaac Newton

Was Einstein und Newton sonst noch gemeinsam haben - Eine Einleitung

„Wir werden einfach immer besser in dem, was wir mögen und einfach öfter tun. Ich denke, das ist eines der Geheimnisse, die Einstein zu all dem verholfen haben, was er alles herausgefunden hat," sagte ich zu einem meiner Klienten (11 Jahre alt), vor ungefähr 12 Jahren, als wir über Spaß am Lernen sprachen. Seine Reaktion war prompt.

„Ahh, Einstein", entgegnete er. Nun wurde ich neugierig.

„Wie? Was meinst Du damit? Du kennst ihn gut? Nicht persönlich, meine ich."

„Doch! Persönlich", sagte er. „Also, nee, ich kenne ihn nicht persönlich. Aber!... Ich kenne jemanden, der ihn persönlich irgendwie kannte..."

Ich lächelte ihn an und spürte, wie er das sichtlich genoss, darauf zu warten, dass ich nachfrage.

„Ohh!", tat ich, „magst du mir sagen?"

Er nickte ein ‚Ja', wartete doch noch einen Moment und dann verriet er es mir...

„Also, auch nicht. Mein Vater hat es mir erzählt. Mein Uropa, also der Großvater meines Vaters, saß mit Einstein in der selben Schulklasse in München."

„Echt?"

„Jaaa!"

Ich muss zugeben, eine gewisse innere Gänsehaut war deutlich da. Und als wenn ich diesen Moment sofort nutzen sollte, spürte ich, fragte ich direkt nach.

„Wow!...", sagte ich und fragte: „Und hatte er was über ihn erzählt? Also Dein Uropa über Einstein?"

Der Vater meines Klienten saß auch am Tisch und nickte schon.

„Na, erzähl's mal!", sagte er seinem Sohn.

„Also, er hat gesagt, dass Einstein so gut wie die ganze Zeit schlief oder träumte, also keine Lust hatte."

„Also doch, was? Das habe ich schon mal gehört."

„Ja, aber er sagte auch, sobald es um Physik oder Mathe ging, war Einstein nicht nur interessiert, sondern stärker als die Lehrer."

„Wow...", konnte ich nur sagen.

Mal abgesehen davon, wie dieses Gespräch mit meinem Klienten weiter ging, dies alles war Anlass genug für mich, mir endlich mal eine Einstein-Biographie zu besorgen. Ich wollte alles etwas genauer wissen...

Gleich zu Einsteins Biographie eignete ich mir auch die Isaac Newtons an. Nicht nur waren sie beide gigantisch in ihrem Beitrag für die Physik-Wissenschaft, sondern wurden tief innen von der magischen Kraft des Wunders angetrieben, das der gesamten erscheinenden Manifestation innewohnt und den menschlichen *Geist* und sein Bedürfnis zu verstehen wesentlich berührt und herausfordert. Und sie haben sich diesem Antrieb stark hingegeben...

Über Newton: „Er ritzte Sonnenuhren in Steine und verzeichnete die von ihren Zeigern geworfenen Schatten auf einer Karte. Dies bedeutete, Zeit als dem Raum wesensverwandt zu sehen, Dauer als Länge, die Länge eines Bogens. Kleine Abstände maß er mit Bindfäden und übersetzte die Minuten einer Stunde in Zoll."

Über Einstein: „Während seine Altersgenossen draußen Abenteuern hinterherjagen, sucht er drinnen sein „Flow-Erlebnis" im Kopf...

...Seine überaus lebendigen Verwandten sehen auf dem Sofa einen abwesenden kleinen Buddha sitzen, der über Fragen der Mathematik wie in Trance meditiert."

Es wäre fatal, oder zumindest unangemessen, wenn wir bei solchen Geistern daran dächten, ihnen das Etikett *ADHS* aufzukleben, nur weil sie geistig oft *woanders* waren als dort, wo sich die meisten ihrer „Altersgenossen" am häufigsten aufhielten.

Newton und Einstein waren sich zu einem hohen Grad darüber bewusst, wo sie geistig waren und was sie taten oder wem sie sich öffneten.

Und keineswegs bedeutet das, dass sie den Kontakt zur konkreten und praktischen Realität verloren hatten.

Bewusstes Wollen hat sie entscheidend geleitet; nicht *immer* vielleicht und nicht *total*, doch *sehr stark*.

Die dabei wirkende Kraft ist eine von mehreren Kräften, die insgesamt unser Wollen und den Willen, der uns ausmacht, *bestimmen*.

Diese Kräfte zu *verstehen* als auch wie ihr jeweilig unterschiedliches Mischverhältnis zu einer *Schieflage* unserer Befindlichkeit und der Kontrollfähigkeit in unserem Leben führen kann, was dann auch, ob fälschlicherweise oder mit einem gewissen Recht, ADHS genannt werden kann, *darum* geht es in diesem Buch.

Warum? Damit eben die Schieflage *beseitigt* werden kann. Dadurch, dass ADHS entschlüsselterweise verstanden und in seinen unerwünschten Facetten sich auflösen kann.

Und wie komme ich zu diesem Wissen? Durch (vergangene) persönliche *Betroffenheit*, durch die Arbeit mit vielen Betroffenen und nicht zuletzt aufgrund meines starken, inzwischen dreißigjährigen Interesses für das *Phänomen* Aufmerksamkeit.

Warum ist das Phänomen Aufmerksamkeit *so besonders*?

Was *ist* Aufmerksamkeit?

Was ist ADHS *nicht*?

Was ist ADHS *wirklich*?

Inwiefern hängt ADHS mit dem *gesamten Leben* zusammen?

Wie kann ADHS hinsichtlich seiner problematischen Facetten *beseitigt* werden bzw. sich *auflösen*?

Es war mein Bestreben, inhaltlich nicht auszuufern, und ich wollte dieses Buch kurz halten, jedoch nichts dabei auslassen, was notwendig ist, um ADHS zu *verstehen* und (1) sowohl entsprechend zu „*handhaben*" als auch (2) die *transformative* Kraft zu entdecken und zu nutzen, die im Verstehen von ADHS liegt.

Das Buch soll dazu beitragen, dass keine kurzfristigen Strategien an der Oberfläche von Symptomen verfolgt, sondern die *grundsätzlichen* Veränderungen aufgedeckt werden, die *gespürterweise* und daher *wahrlich notwendig* sind.

„Die Aufmerksamkeit steuern heißt,
das Erleben und damit die Qualität
des Lebens zu kontrollieren."

Mihaly Csikszentmihalyi

TEIL I - Das Phänomen der *Aufmerksamkeit*

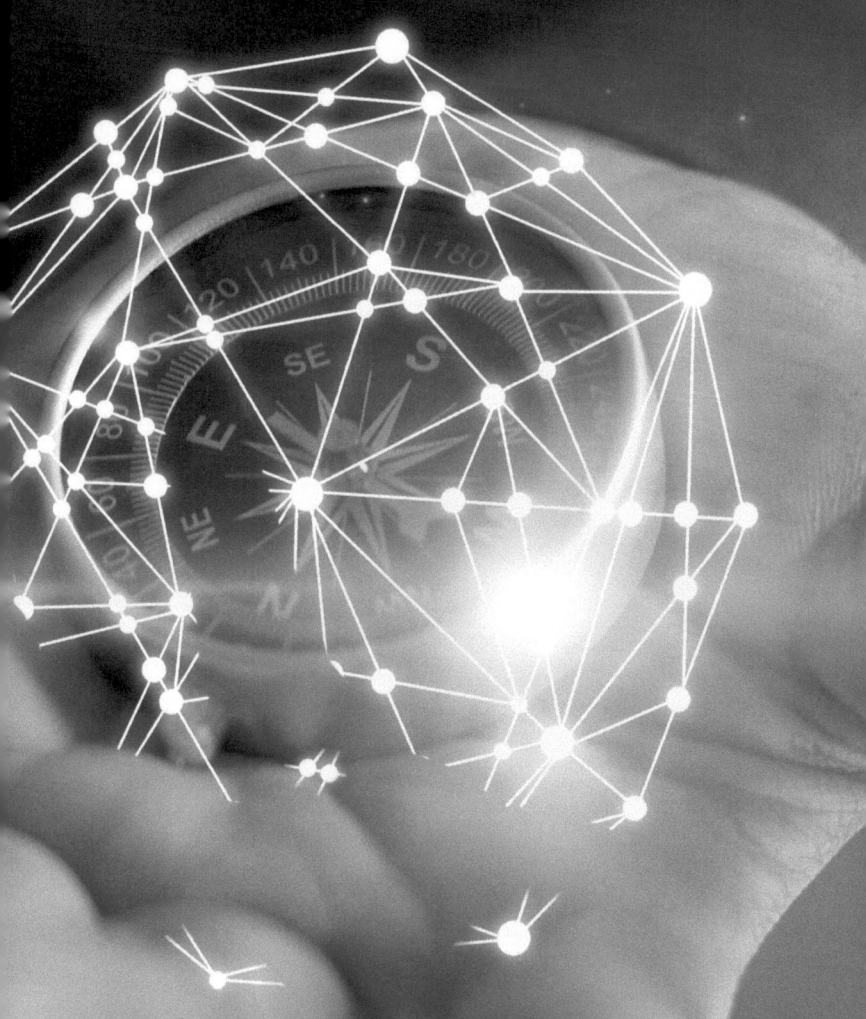

1. Warum ist Aufmerksamkeit wichtig?

Was geschieht wirklich, wenn Sie diese Zeilen lesen? Sind Sie sich dessen bewusst? Oder bloß darauf aufmerksam? Oder beides? Und wenn beides, in welcher Reihenfolge? Oder ist beides dasselbe?

Diese Frage(n) sind oder werden wichtig, wenn man sich überhaupt für das Phänomen Aufmerksamkeit *interessiert*. Was also sind Gründe, die die Wichtigkeit dieses Phänomens herausstreichen?

Die explosiv vielschichtige und vielgestaltige Entwicklung und Wandelbarkeit des 21. Jahrhunderts sowohl im technologischen, wissenschaftlichen und sozialen Bereich als auch in den vielfältigeren Formen des Erlebens kann sowohl eine Überforderung der Informationsverarbeitung als auch eine Trübung des Entscheidungsvermögens bewirken. Nicht, dass in früheren Zeiten alles einfacher und leichter war, jedoch sind eine Intensivierung, Anreicherung und Dynamisierung von Vorhandenem und der Geschwindigkeit desselben von unserer Zeit nicht wegzuleugnen.

Das Verstehen von Aufmerksamkeit als zentrale Funktion unseres organismischen Daseins, vor allem in seiner herausragenden Instrumentalität hinsichtlich eines bewussten und ausgeglichenen Lebens, ist dringlicher denn je. Warum? Es gibt hauptsächlich zwei Gründe.

Wenn ich auf etwas nicht aufmerksam bin, *erlebe ich es nicht*. Und der zweite Grund...

Während ich auf etwas aufmerksam bin, so wird *alles andere*, worauf ich *in derselben Zeit* aufmerksam sein könnte, *ausgeschlossen*; innerhalb meines Erlebens *existiert es nicht!*...

Da unsere Zeit nicht unendlich ist, wird mit einem Schlag klar, warum sowohl <u>Zeit</u> als auch <u>Aufmerksamkeit</u> unsere wichtigsten Ressourcen sind.

Was Zeit angeht, so ist es schon gegeben, wie viel ein Tag-und-Nacht-Zyklus an Zeit beträgt und wie viel, unter dem heutigen technologischen Stand der Dinge, ein ganzes Leben. In diesem Sinne können wir, von uns aus, an der Dimension Zeit nicht soviel verändern – mal abgesehen davon, was Wissenschaft und Technologie (künftig) doch noch bewirken könnten...

Was Aufmerksamkeit angeht, können wir aber sehr wohl und sehr viel (jetzt) verändern.

Es ist nicht so leicht, ,Aufmerksamkeit' zu definieren, denn dieser Mechanismus sitzt dermaßen an der Wurzel unseres Wahrnehmungsvermögens, dass wir sehr stark geneigt sein müssen, ihn mit dem wahrscheinlich grundlegendsten Phänomen gleichzusetzen, das uns als lebendige Wesen bzw. existierende Wesenheiten im Unterschied zu anderen charakterisiert: dem *Bewusstsein*.

Es kommt in der Forschung und bei allen Interessierten in der Tat vor, dass es unterschiedliche Auffassungen gibt bezüglich der Frage, ob das Phänomen der Aufmerksamkeit dem Phänomen des Bewusstseins vorausgeht oder umgekehrt... Sicherlich geschieht dies nicht aus bestimmten Launen heraus, sondern aus guten Gründen.

Persönlich habe ich wenig Zweifel, in welcher Abfolge diese beiden Phänomene aufeinander folgen „müssen". Woher meine Gewissheit rührt, werde ich in den folgenden Ausführungen zeigen; somit wäre meine Auffassung für eine Auseinandersetzung offengelegt.

Aufmerksamkeit ist ein Werkzeug, das wir benutzen müssen, um etwas zu beobachten, was selbst *Voraussetzung* dieses Beobachtens ist! Zunächst klingt das wie eine paradoxe Selbstbezüglichkeit, eine möglicherweise logische Rückschleife, bei der wir nicht wissen, was ihr Anfang und was ihr Ende ist.

Deshalb lautet die Frage, die sich hier sofort drängt: Ist das möglich, dass ich mich selbst beobachte, indem ich meine Aufmerksamkeit durch die Ausrichtung meiner *Aufmerksamkeit* auf meine *Aufmerksamkeit erforsche*?

Wäre so ein Versuch so verstrickt, wie er hier klingt? Keineswegs. Mein Befund ist sogar, es muss sowohl die <u>Untrennbarkeit unserer Aufmerksamkeit von unserem Erleben</u> erkannt werden als auch <u>die unverzichtbare Notwendigkeit unserer Aufmerksamkeit</u>, ihre <u>Unaufhörlichkeit</u> und nicht zuletzt auch ihre <u>Beschaffenheit</u>, damit sie ganzheitlich beleuchtet werden kann, wie es ihr gebührt.

2. Unabdingbar für bewusste Erfahrung

Um zu wissen, dass etwas passiert ist oder dass etwas da ist, muss ich es *mitgekriegt* haben. Wie könnte ich sonst beispielsweise jemandem erzählen, dass es geregnet hat? Ich habe den Regen gesehen und gehört oder auch das Tropfen des Regens auf meinen Regenschirm oder die durch den Regen nass und kalt gewordenen Füße mitgekriegt. Diese Tatsache erscheint selbstverständlich, wenn nicht sogar überflüssig zu erwähnen.

Denn es ist unmöglich, etwas zu *wissen*, das ich nicht *mitgekriegt* habe und auf das ich nicht *aufmerksam* war.

Allgemein gesprochen könnten wir sagen: Der reale Inhalt des Begriffes ‚Aufmerksamkeit', d.h. das lebendige Geschehen, bei dem wir Aufmerksamkeit erleben, indem wir sie als grundlegende Funktion unserer Wahrnehmung aktivieren, ist im Allgemeinen deshalb schwer zu fassen, weil wir es hier mit einer sehr grundlegenden, wenn nicht extrem grundlegenden bzw. schwer auf etwas anderes zurückzuführenden Aktivität zu tun haben.

Aufmerksamkeit ist insofern grundlegend, als dass

sie für bewusste Erfahrung überhaupt unabdingbar ist. Man könnte nämlich ‚Aufmerksamkeit' mit den Worten ‚bewusste Erfahrung' oder ‚bewusste Wahrnehmung' so gut wie *gleichsetzen*.

Mit anderen Worten: Ich nehme etwas erst dann bewusst wahr oder erfahre es erst dann bewusst, wenn meine Aufmerksamkeit darauf gerichtet ist. Oder nicht?

Wenn ich zum Beispiel in einem... gedankenvollen, ja fast träumerischen Moment aus dem Fenster schaue, meine physischen Augen auf den Baum im Garten gerichtet sind und ich dabei an meinen letzten Urlaub denke, so nehme ich keinen Baum wahr. Der Inhalt meiner bewussten Erfahrung ist der letzte Urlaub. Und sobald die Motivationskraft für den Urlaubsgedanken nachlässt bzw. sich erschöpft, so könnte ich bzw. *dann* erst könnte ich - falls sich ein anderer Gedanke nicht automatisch einschleicht - den Baum und seine sanften Bewegungen im leichten Wind wahrnehmen.

Aus solchen Gründen setze ich Aufmerksamkeit mit *bewusster* Erfahrung *gleich*. Und deshalb ist sie so entscheidend grundlegend für unser Erleben, für den Inhalt unserer Existenz und somit indirekt auch für unsere Lebensform.

3. Unaufhörlich aktiv

Aufmerksamkeit ist auch *insofern* fundamental für unser Erleben, als dass sie *unaufhörlich* anwesend, d.h. aktiv(iert) ist.

Sie ist immer oder ununterbrochen auf etwas gerichtet. Sie kann zwar den Inhalt ihrer Ausrichtung ständig oder sehr oft im Laufe eines Tages, einer Stunde, oder auch innerhalb einer Minute bzw. Sekunde, ändern, aber einen Inhalt, einen Gegenstand, hat sie *immer*. Will heißen, wir sind *ununterbrochen auf etwas aufmerksam*. Sogar während wir beim Schlafen träumen.

Ob wach oder im Traum, ob wir allein sind oder mit anderen, ob wir reden, oder anderen zuhören, ob wir körperlich oder geistig aktiv sind, ob wir überhaupt etwas tun oder sogar gar nichts(!) tun; wir sind *ständig* aufmerksam auf etwas. Und das heißt nicht, dass wir nur auf Gedanken und Bilder in unserer Vorstellung aufmerksam sind, sondern auch auf Empfindungen und auf ganz unterschiedliche körperliche Zustände; oder auf die verschiedensten Emotionen; sogar auf manchmal sehr subtile, sehr feine, unfassbare und unaussprechliche Erlebnisse...

So könnten wir vielleicht - so richtig nachgewiesen ist ja nichts; mindestens kann ich das hier nicht nachweisen - als die einzige Ausnahme unseren Zustand im tiefen Schlaf - oder einen „ähnlichen" Zustand wie z.B. das Koma - betrachten, währenddessen wir *nicht* auf etwas aufmerksam sind, vorausgesetzt wir träumen nicht, während wir im Koma liegen, oder es ist kein Koma, in dem irgendeine Ebene wachen Bewusstseins doch aktiviert ist.

Außer in den genannten Fällen gibt es nur noch wenige Ausnahme-Momente im wachen Zustand, in denen wir nicht auf irgendetwas aufmerksam sind. Solche Momente können während eines Wechsels unserer Befindlichkeit geschehen.

Wenn wir beispielsweise nach einer ziemlich langen geistigen Verausgabung in den rettenden Genuss einer Pause kommen und spüren wie die ganze gedankliche Anstrengung auf einmal in sich zusammenfällt... In so einem Entspannungsmoment kann die Erregtheit unserer Aufmerksamkeit so stark nachlassen, dass wir für mindestens kurze Momente – indirekt und im Nachhinein beobachtet – Gedankenlosigkeit erleben; unsere Aufmerksamkeit richtet sich nicht auf etwas und somit ist sie ...so gut wie „gar nicht da" oder bewegt sich nur extrem weich und unbemerkt.

Oder wenn wir aus einem tiefen Schlaf aufwachen

und wir einen Moment brauchen, um geistig vollständig aktiv zu sein. In so einem Moment sind wir mit unserer gesamten körperlichen Energie noch halb in dem Schlafzustand. Während dieses Zustandes ist die erforderliche Aktiviertheitsspannung für die volle Funktionsfähigkeit unserer Aufmerksamkeitsaktivität noch nicht vorhanden.

Dieser Umstand bietet uns eine weitere Gelegenheit, zu empfinden, wie es ist, wenn unsere Aufmerksamkeit abwesend ist bzw. brachliegt. Wir ruhen und sind energetisch gewiss anwesend; wir bemerken nur gar nichts; wir bemerken nicht mal uns selbst!

Auch extreme Gefühle wie Angst oder ehrfürchtiges Staunen oder andere intensive (auch positive) Erlebnisse und Empfindungen im Allgemeinen, die gerade wegen ihrer Intensität unseren arbeitenden Geist zeitweilig außer Kraft setzen, sind in der Lage, unsere Aufmerksamkeit abzuschalten.

Der unaufhörliche Strom unseres Aufmerksamseins ist gleichbedeutend mit der *Gesamtheit unserer Lebenszeit*. Wie wir auf diesen Strom wirken können, wie wir sowohl seine Richtung als auch die Art seines Fließens beeinflussen können – das sind *sich selbst stellende* Lebensfragen.

"Jeder weiß, was Aufmerksamkeit ist. Es ist die Inbesitznahme eines von mehreren gleichzeitig möglichen Objekten oder Gedankengängen durch den Geist in klarer und lebendiger Form. Fokussierung, Konzentration, Bewusstsein sind ihre wesentlichen Bestandteile. Aufmerksamsein impliziert den Rückzug von einigen Dingen, um effektiv mit anderen umzugehen, und ist ein Zustand, der im Gegensatz steht zu dem verwirrten, benommenen, zerstreuten Zustand, der auf Französisch *distraction* (Ablenkung) genannt wird, und auf Deutsch *Zerstreutheit*."

William James

4. Was ist Aufmerksamkeit?

Wenn wir aufmerksam sind auf etwas, *nimmt* nach William James (im Zitat auf der vorherigen Seite) *unser Geist dieses etwas in Besitz*. Das amerikanische Webster-Wörterbuch klingt nicht unähnlich, wenn es sagt, dass *Aufmerksamsein der Akt oder Zustand ist, bei dem wir unseren Geist auf etwas anwenden*, man könnte hier auch sagen: unseren Geist für etwas gebrauchen.

Was die Sache interessanter macht, ist die Erklärung von ‚Geist' (engl. mind), die Webster gibt: *das Element (oder der Komplex von Elementen) in uns, das fühlt, wahrnimmt, denkt, will und schlussfolgert.* Und nicht zuletzt gibt Webster weiter an, dass ‚Geist' *die bewussten Ereignisse und Fähigkeiten in einem Organismus bedeutet.*

Was auch immer mit dem Begriff ‚Geist' gemeint ist, je nachdem, ob ich gerade etwas mit den Sinnen wahrnehme oder innerlich spüre oder etwas anderes der Fall ist, würde ich zunächst den Begriff ‚Subjekt der Wahrnehmung' lieber verwenden, damit alle möglichen Wahrnehmungskanäle erfasst sind. Mit ‚Subjekt' meine ich das in mir oder von mir, was sich auf ein Objekt richtet. Das ist der Fall, wenn zum Beispiel unsere

Sinne aktiv sind, so dass das Subjekt der Wahrnehmung einen oder den jeweiligen Sinn als Vehikel benutzt, mit dem es sich auf ein Objekt richtet. Und ‚Geist' wäre hier insofern auch mit eingeschlossen, als dass Sinne nicht nur physisch real, sondern auch im Geiste aktiv sind (ich höre z.B. eine Melodie in meiner Vorstellung, auch wenn physikalisch gesehen keine realen Schallwellen da sind, die dies verursachen).

Versuchen wir einfach mal, die Definitionsmerkmale von ‚Aufmerksamkeit' zu identifizieren.

Wir brauchen zunächst das Subjekt der Wahrnehmung, d.h. jemanden, der so etwas „hat", also gewöhnlich ein ausreichend ausgestatteter lebendiger Organismus, dann ein Objekt, ein Irgendetwas, und schließlich das Geschehen des Ausgerichtetseins des Wahrnehmungssubjekts auf dieses Objekt.

Der letzte Satz kann jetzt auch als unsere Definitionsgrundlage dienen:

‚Aufmerksamkeit' bedeutet also: das Ausgerichtetsein des Wahrnehmungssubjekts (eines entsprechend ausgestatteten Lebewesens) auf ein Objekt.

Nochmal von der Ich-Perspektive:

‚Ich bin aufmerksam' bedeutet: mein oder ich als Wahrnehmungssubjekt ist/bin ausgerichtet auf ein Objekt. Oder: Als Wahrnehmungssubjekt bin ich ausgerichtet auf etwas Bestimmtes.

Unterziehen wir nun diese Definition einer näheren Betrachtung, indem wir die drei Definitionskomponenten unter die Lupe nehmen: a) das Wahrnehmungssubjekt, b) seine Ausrichtung oder sein Gerichtetsein auf etwas und c) das Objekt, das also, worauf sich das Wahrnehmungssubjekt richtet.

a) In Wirklichkeit gibt es kein identifizierbares Wahrnehmungssubjekt! Das bedeutet, dass es keine feste Größe ist, sondern eine energetisch-funktionale Entität, eine Energieverdichtung also, die unter bestimmten Umständen entsteht und eine bestimmte Funktion hat, einen bestimmten Zweck erfüllt und zwar in unterschiedlichen Dauerzyklen.

Auch wenn ich ein- und dieselbe Person bin, die morgens aufsteht und abends schlafen geht, fühle ich mich zu diesen beiden Zeitpunkten völlig verschieden an. Dies liegt daran, dass ich morgens tatsächlich anders bin als abends. Morgens habe ich meistens Hunger und verspüre den Drang, mich zu bewegen. Abends, nach einem vollen Tag, brauche ich vielleicht ein Sofa zum Ausruhen und gute Musik zum Entspannen. Ich bin also keine feste Größe, sondern eine sich stets verändernde Energie. Und, ich brauche Essen, Bewegung, Schlaf und vieles mehr während meiner gesamten Lebenszeit auf zyklische, d.h. sich wiederholende Weise.

In dieser Hinsicht könnten wir sagen, dass das „Wahrnehmungssubjekt" dem Bewusstseinszustand ähnelt, der unser Wachsein – und abgeschwächt auch unser Träumen – ermöglicht und es vom (tiefen) Schlaf unterscheidet.

Diese Energieverdichtung, die wir ‚Wahrnehmungssubjekt' genannt haben, ist nur das eine Ende eines bipolaren (aus zwei Polen bestehenden) Geschehens, das wir Wahrnehmung nennen. In einem Wahrnehmungsgeschehen ist das Wahrnehmungssubjekt also nichts anderes als der Wahrnehmer oder der *Empfänger*.

b) Versetzen wir uns für einen Augenblick in den Moment hinein, in dem wir aufwachen, d.h. vom tiefen Schlaf heraustreten. Für eine gewisse kurze Zeit nehmen wir nichts Bestimmtes wahr, weil wir auf nichts fokussiert sind. Doch als waches Bewusstsein sind wir schon da!

Es ist sehr schwer, zu sagen, was mit ‚wir' in diesem Moment gemeint ist. Geschweige denn, was mit ‚wir' während des tiefen Schlafs gemeint ist! Sicher ist:

Kurz nach dem Aufwachen ist unser Bewusstsein da und wir nehmen, solange unser Bewusstsein auf nichts fokussiert wird, nichts wahr. In genau dem Moment, in dem es fokussiert wird, geschieht das „Wunder".

Wenn wir wach genug sind, d.h. wenn das Energiefeld, das wir Bewusstsein nennen, ein ausreichendes Erregtheitsniveau erreicht, so kann z.B. eine Anordnung von Lichtreizen unseren Gesichtssinn aktivieren. Genauer:

Ein Lichtreiz (c) „berührt" unser Sehvermögen. Blitzschnell wird dieser Reiz verarbeitet, und als Nächstes vollständig empfangen, weil er auf irgendeiner „Stelle" innerhalb unseres Bewusstseinsfeldes erscheint bzw. projiziert wird.

Wie erleben wir diesen Akt? Wir haben erstens das Gefühl, dass wir da sind, zweitens, dass etwas anderes da ist, und drittens, dass wir dieses wahrnehmen, d.h. mitkriegen.

Was geschieht tatsächlich? Durch die Aktivierung unserer sinnlichen, d.h. all unserer empfindungsfähigen Organe durch die unterschiedlichsten Reize (c), wird ein kleiner oder großer Teil unseres energetischen Bewusstseinsfeldes zu dem Geschehen geformt, das wir Fokussierung nennen.

Die Fokussierung des Bewusstseins entsteht dadurch also, dass durch unsere sensitiven, empfindungsfähigen Organe eine Dichotomie – eine Teilung in zwei – in dem ansonsten undifferenzierten Bewusstsein errichtet wird. Diese Dichotomie nennen wir gewöhnlicherweise die Subjekt-Objekt-Beziehung. Sie ist die Grundlage der Möglichkeit unserer Wahrnehmung.

Regentropfen sind beispielsweise Reize (c), die meinen Seh- und Tastsinn aktivieren. Mein Seh- und Tastvermögen bewirkt, dass in meinem Bewusstseinsfeld eine Teilung in zwei (in mich und den Regen) errichtet wird und ich den Regen somit mitkriege, ihn sehe und fühle. Meine gesamten Wahrnehmungsfähigkeiten bündeln sich also auf dieses Geschehen. Sie sind sanft und klar darauf gerichtet, darauf fokussiert.

Wahrnehmung geschieht bzw. *wird möglich* durch eine Fokussierung des Bewusstseins. Diese Fokussierung des Bewusstseins kann nun, abhängig von unterschiedlichen Ursachen, unterschiedliche Richtungen nehmen. Sie kann sich auf einen Lichtreiz oder auf einen Klangreiz richten. Sie kann sich auf ein äußeres komplexes Geschehen wie das Verhalten bestimmter Menschen oder auf ein inneres emotionales Geschehen richten. Deshalb können wir über eine <u>Fokussierung des Bewusstseins</u> *hinaus*, welche ja einen Wahrnehmungsakt energetisch überhaupt ermöglicht, auch von einer <u>Gerichtetheit unserer Wahrnehmung</u> sprechen.

Das *Wahrnehmen* von etwas wird erst durch die *Fokussierung des Bewusstseins* ermöglicht. Und ich nehme etwas wahr, *nur* wenn meine Aufmerksamkeit *darauf gerichtet ist*. ‚Aufmerksamkeit' bedeutet *Bewusstseinsgerichtetheit* oder *fokussiertes Bewusstsein*.

TEIL II - Was ist ADHS *wirklich?*

„Volle Aufmerksamkeit, die in diesem Zeitalter des Multitasking so gefährdet ist, ist abgestumpft, immer wenn wir den Fokus aufteilen. Selbstbezogenheit und Selbstbeschäftigung schrumpfen unseren Fokus, so dass wir die Gefühle und Bedürfnisse anderer Menschen weniger wahrnehmen können, geschweige denn mit Empathie reagieren. Unsere Fähigkeit, uns darauf einstimmen zu können, leidet, und das löscht die Beziehung aus."

Daniel Goleman

5. Eine fragwürdige „Geburt"

Eine sogenannte Störung scheint sich – in unseren metapostmodernen Zeiten – massiv auszubreiten. Na ja, zumindest wird sie massiv diagnostiziert...

Sie ist (wie wir in Teil III sehen werden) eine Störung der inneren Ruhe. Diese ist so an ihrer Wurzel gestört, dass sie starke bis bedenkliche seismische Auswirkungen auf eine unserer wichtigsten Fähigkeiten hat. Gemeint ist unser Aufmerksamkeitsvermögen. Gewöhnlich wird die besagte Störung der inneren Ruhe Aufmerksamkeits-Defizit-Hyperaktivitäts-Syndrom oder Aufmerksamkeits-Defizit-Hyperaktivitäts-Störung oder abgekürzt: ADHS genannt.

Schon in den Fünfzigern sprachen Wissenschaftler von mentalen Defiziten bei Personen, die trotz Aufforderung Schwierigkeit haben, aufmerksam zu sein. Später sprach man von minimaler Gehirndysfunktion und Hyperkinese (übermäßiger Bewegungsdrang). 1980 kreierte die Amerikanische Psychiatrische Gesellschaft (APG) schließlich die Bezeichnung Aufmerksamkeits-Defizit-Störung (ADS) dafür. Doch 1987 sah die APG diese Störung auch als zusammengehörend mit Hyperaktivität; mit einem Zustand also, der ADS manchmal begleitet. Doch ADS und Hyperaktivität können auch isoliert auftreten. Wenn sie zusammen auftreten, so werden sie zusammen ADHS genannt: Aufmerksamkeits-Defizit-Hyperaktivitäts-Störung. Jedoch wird heute unter ADHS (zusätzlich) auch ein unangemessen und unkontrollierbar impulsives Verhalten bzw. überhaupt eine Unfähigkeit verstanden, das eigene Verhalten zu kontrollieren...

Bei welchen Symptomen spricht man nun von ADS oder ADHS? Diese sind Vergesslichkeit, Ablenkbarkeit, Nervosität und Ungeduld, innere und äußere Unruhe, Impulsivität, Schwierigkeit, beim Arbeiten, Spielen oder Sprechen aufmerksam oder lange genug aufmerksam zu bleiben, Schwierigkeit, Anweisungen zu befolgen oder Aufgaben zu beenden, und im Allgemeinen ein unangemessenes soziales Verhalten.

Treten mindestens sechs dieser oder ähnlicher Symptome gleichzeitig auf und haben sie einen eindeutig problematischen Einfluss auf Bereiche wie Beruf, Schule, Alltagsbewältigung, menschliche Beziehungen oder soziales Verhalten, so spricht man, laut APG, von ADS oder ADHS.

6. Was ist ADHS wirklich? Vielleicht MDS?

Wir haben (in Kapitel 4) Aufmerksamkeit als „die Gerichtetheit fokussierten Bewusstseins" definiert. Auf der Grundlage dieser Definition von Aufmerksamkeit nehmen wir uns nun die Formulierung einer Definitionsgrundlage von ADHS vor.

Im gewöhnlichen Sprachgebrauch spricht man von einer ADHS-Person zunächst als von „einer Person, die nicht aufmerksam ist", ohne dass das in seiner Bedeutung genau spezifiziert wäre.

Tatsache ist, dass wenn wir diesen Sprachgebrauch wörtlich nehmen würden, ADHS nach unserer Aufmerksamkeitsdefinition ein Phantom-Problem wäre. Denn nach unseren Vorbetrachtungen und nach unserer Definition von Aufmerksamkeit ist jeder ununterbrochen auf etwas aufmerksam. Anders formuliert: Man kann nicht nicht-aufmerksam sein!

Wenn also der Ausdruck „Person X ist nicht aufmerksam" nicht wortwörtlich gemeint ist, wie kann er sonst gemeint sein?

Meine erste Vermutung, wie der Ausdruck „Person X hat ADHS" oder „Person X ist nicht aufmerksam" gemeint sein kann, – formuliert aus meiner Erfahrung und

Arbeit mit ADHS-„Betroffenen" – ist, dass diese Person X auf ein bestimmtes Objekt Y nicht aufmerksam ist, sondern auf Objekt Z, und zwar in einem Umstand, in dem es sich für diese Person X so gehört oder von dieser Person X erwartet wird, dass diese Person X auf dieses bestimmte Objekt Y aufmerksam ist und nicht auf das Objekt Z!

Wir könnten beispielsweise Y mit einem sprechenden Schullehrer gleichsetzen oder mit einer Büroaufgabe und Z mit einem elektronischen Spiel oder mit einem Urlaubs- oder Freizeitwunsch...

Wenn diese Vermutung stimmt, dann können wir immer noch nicht sicher davon reden, dass Person X ADHS hat. Es kann nämlich erstens sein, dass Person X nicht das geringste Interesse hat, auf Objekt Y aufmerksam zu sein!

Wenn es so ist, dann handelt es sich hier um ein *MDS-Problem* (MDS = Motivations-Defizit-Syndrom). Dies ist keine offizielle, sondern eine von mir spontan formulierte und in vielen Fällen die eher treffendere oder die einzig treffende Bezeichnung.

Oder es kann zweitens sein, dass Person X zwar ein gewisses Interesse für Objekt Y aufbringt, aber gleichzeitig auch ein eindeutig stärkeres Interesse für Objekt Z hegt. Also liegt hier wieder kein ADHS, sondern eine minimal andere Variante bzw. Stärke eines MDS-Problems vor.

Wie man MDS-Probleme behandelt, ist sicherlich sehr wichtig zu wissen, jedoch nicht der vorrangige Gegenstand dieses Buches.

Eine weitere Möglichkeit, wie der Ausdruck „Person X hat ADHS" oder „Person X ist nicht aufmerksam" gemeint sein kann, hat mit der Dauer der Aufmerksamkeit, anders gesagt, mit der Aufmerksamkeitsspanne zu tun. Hier liegt vor, dass Person X auf Objekt Y zwar aufmerksam ist (ob interessiert oder nicht), sie diese Aufmerksamkeit aber aus unterschiedlichen Gründen nicht lange genug oder nicht so lange wie nötig aufrechterhalten kann und sich deshalb notgedrungen anderen (die *energetische*, *geistige* und *emotionale* Befindlichkeit fördernden) Objekten hinwendet.

In solchen Fällen können wir *auch nicht* von einem wirklichen ADHS-Problem reden, da die Gründe für die kurze Aufmerksamkeitsspanne entweder wieder mit mangelnder Motivation zu tun haben können oder mit anderen noch zu betrachtenden Gründen.

"Aber wie kann es möglich sein, dass von den Millionen Menschen, bei denen ADHS diagnostiziert wurde, kein einziger diese Krankheit wirklich hat? ... Tatsächlich ist es bei keinem einzigen der Fall ... Bei all dem ist aber höchst erstaunlich, wie wir diese „Krankheit" definieren – nämlich anhand ihrer Symptome, und nicht etwa ihrer Ursachen."

Richard Saul

7. Oder ist ADHS eigentlich EDS?

Der andere Bereich vermeintlicher ADHS-Probleme, die ich mit ADHS-Klienten kennengelernt habe, hängt mit einer Ausgeglichenheitsstörung des Energiehaushaltes zusammen. Was heißt das genau?

Ziehen wir zunächst das ganz einfache Beispiel in Betracht, dass alle von uns mehr oder weniger kennen, wenn unsere Aufmerksamkeit immer wieder weggleitet, immer wenn wir geistig gefordert werden und gleichzeitig schlichtweg müde bzw. erschöpft sind. Es ist sehr natürlich, dass wir dabei weggleiten, denn wir brauchen in einem solchen Moment eine klare Pause oder eine längere Erholungsphase.

Ganz generell: es ist notwendig, ausreichende und ausgewogene Energie und Kraft zu haben und zwar angemessen verteilt auf die unterschiedlichen Tätigkeiten des beruflichen, des schulischen oder des allgemeinen Alltags. Wieso ausgewogen?

Erstens kann auch das Gegenteil eintreten: also nicht zu wenig Energie, sondern zu viel Energie. Das kann z.B. aus dem unangemessenen Gebrauch unterschiedlicher Nahrungsmitteln resultieren oder aus Tätigkeiten, bei denen wir innerlich sehr bewegt werden

– emotional oder z.B. durch elektronische Spiele – und dabei gleichzeitig körperlich ziemlich unbeweglich bleiben!

Kommt dann zweitens noch die Möglichkeit hinzu, dass wir nicht befriedigend ausgelastet genug sind, sowohl durch körperliche als auch durch geistige Aktivität, dann geraten wir in eine mögliche energetische Unruhe, Implosion oder „Verstopfung" hinein.

Das alles führt unweigerlich zu Aufmerksamkeitsproblemen, aber nur aufgrund *energetischer Unausgewogenheit* und *Instabilität*. Und dann kommt noch unsere „hoch-innovative" Informations- und Wissensgesellschaft mit ihren Myriaden Reizen dazu und wühlt uns vermehrter auf oder verstopft uns zusätzlich...

Das klingt alles sehr vielschichtig und komplex. Nur, wenn es eine Tatsache ist, dass alle diese Ursachen unsere Aufmerksamkeit verständlicherweise durcheinanderbringen, so müssen wir alle diese Unnatürlichkeiten oder Naturwidrigkeiten beim jeweils spezifischen *Namen nennen* und nicht eine Aufmerksamkeitsstörung an sich *bloß spekulativ herbeiführen!* Nicht wahr?

Wir haben es hier ohne jeden Zweifel mit Ursachen energetischer Dysfunktions-Störungen (EDS; auch eine spontane Bezeichnung von mir) zu tun, die Indikatoren eines ungesunden oder eines aus einem halbwegs natürlichen Fluss geratenen Lebens sind, die entsprechende Veränderungen erfordern und nicht künstliche oder verhaltensmilitärische Mittel zur Gefangennahme und Unterdrückung unserer lebendigen Aufmerksamkeit...

8. Oder ist ADHS vielleicht (auch) KDS?

Der letzte Bereich angeblicher, weil undurchschauter, ADHS-Probleme hat mit einer *Unfähigkeit* zu tun. Und zwar mit der Unfähigkeit, an einem Kommunikations- oder Wissenserwerbsprozess erfolgreich bzw. vollständig teilzunehmen. Genauer beschrieben liegt so ein Fall dann vor, wenn jemand als Empfänger eines kommunizierten Inhaltes das Problem erlebt, diesen Inhalt nicht verstehen zu können, geschweige denn auszuführen oder zu praktizieren. Die möglichen Gründe dafür:

1. Der Inhalt wird von der betroffenen Person gar nicht verstanden, weil er ihr völlig fremd ist.

2. Der Inhalt wird von der betroffenen Person nicht sicher verstanden, weil er ihr nicht völlig vertraut ist.

3. Der Inhalt wird von der betroffenen Person gar nicht oder nicht sicher verstanden, weil die Art und Weise ihres Vorkommens und/oder Vermitteltwerdens entweder nebulös oder komisch oder kognitiv trocken und/oder verworren ist.

4. Folglich kann ein solcher Inhalt gar nicht beherrscht, sogar nicht mal richtig geübt werden.

Solch ein Inhalt kann z.B. eine Bruch- oder eine Integralrechnung sein. Es kann ein für eine Prüfung wichtiges und gleichzeitig mit Fremdwörtern regelrecht durchtränktes Buch sein. Es kann eine komplexe Managementaufgabe sein, die Durchblick, Übersicht, Organisation und Flexibilität erfordert!...

In allen diesen Fällen kann es also an mangelhaftem Verstehen oder an noch nicht ausreichend erworbenen Fähigkeiten liegen, so dass man sich trotz des frommen Wunsches, sich auf die jeweilige Aufgabe zu konzentrieren, es einfach nicht (genügend oder ausreichend) schafft.

Würden wir die Komponenten ‚Verstehen' und ‚Kompetenz' unter dem allgemeinen Ausdruck ‚Können' oder ‚Kompetenz' zusammenfassen, so müssten wir in diesen Fällen von einer Kompetenz-Defizit-Störung sprechen (KDS) und nicht von ADS oder ADHS. AD(H)S wäre wieder keine *Aufmerksamkeits*-Defizit-(H)-Störung!...

„In der Zone zu sein bedeutet, im tiefen Herzen des Elements zu sein. ... Wir werden fokussiert und entschlossen. Wir leben im Moment. Wir verlieren uns in der Erfahrung und leisten Höchstleistungen. Unsere Atmung verändert sich, unser Geist verschmilzt mit unserem Körper, und wir fühlen uns mühelos in das Herz des Elements hineingezogen."

Ken Robinson

TEIL III - ADHS *entschlüsselt*

9. Die Bewegungswurzeln unserer Aufmerksamkeit

„Die Aufmerksamkeit steuern heißt, das Erleben und damit die Qualität des Lebens zu kontrollieren. Informationen gelangen nur dann ins Bewusstsein, wenn wir auf sie achtgeben. Die Aufmerksamkeit dient als Wahrnehmungsfilter zwischen den äußeren Ereignissen und deren Erleben durch uns."

In diesem gehaltvollen Zitat von Csikszentmihalyi wird zurecht die Bedeutsamkeit der Aufmerksamkeitssteuerung dargelegt. Abgesehen davon kann die Formulierung im Zitat den Anklang haben, dass Aufmerksamkeit etwas vom Bewusstsein Getrenntes bzw. Unterschiedliches oder Unabhängiges ist, und sogar in der Lage, zu entscheiden, was ins Bewusstsein hindurchdringt und was nicht...

Dem ist nicht so, denn wir haben gesehen, dass Aufmerksamkeit dem Bewusstsein sekundär ist. Aufmerksamkeit lediglich die *Bezeichnung* für die *Gerichtetheit von Bewusstsein*.

Aufmerksamkeit *ist* Bewusstsein! Nicht umgekehrt. Ohne Bewusstsein löst sich Aufmerksamkeit in Luft auf! Sie *entsteht* erst durch eine *Fokussierung, d.h. Gerich-*

tetheit des Bewusstseins. Und dieses Bewusstsein ist ein Energiefeld, das nur ein Teil des psychophysischen Energievolumens ist, das uns insgesamt ausmacht. In diesem Gesamtvolumen, in dem sich auch alles lebendige Unbewusste befindet, wird entschieden, wohin sich unser fokussiertes Bewusstsein richten wird.

Wenn also davon die Rede ist, dass Dinge ins Bewusstsein gelangen, indem wir darauf aufmerksam sind, dann heißt das jetzt übersetzt: Dinge gelangen ins Bewusstsein, *wenn sich unser Bewusstsein darauf richtet!*

Dass es einen Wahrnehmungsfilter gibt, damit liegt Csikszentmihalyi vollkommen richtig. Allerdings ist es interessant, zu untersuchen, was genau gemeint ist, wenn wir davon sprechen, die Aufmerksamkeit *zu steuern*. Nicht unsere Aufmerksamkeit ist diejenige, die filtert, auch wenn dies vordergründig so erscheinen mag, sondern es sind letztendlich und eigentlich die Ursachen, die unsere Aufmerksamkeit, d.h. unser fokussiertes Bewusstsein, in die eine oder andere Richtung manövrieren. Das, was unser Bewusstsein in die eine oder andere Richtung anzieht, *ist* das, was das Filtern *vollzieht*.

Wenn ich beispielsweise Hunger spüre, kommt das daher, dass mein Bewusstsein vom Nahrungsmangel angezogen und auf diesen gerichtet worden ist.

Dies ist ein energetisches Geschehen, innerhalb dessen biologisch-psychophysische Mechanismen und Prozesse bestimmen, und zwar immer synergetisch mit der jeweiligen gesamt-organismischen Geschichte eines Lebewesens, welches Bedürfnis das Wahrnehmungsvermögen in die möglichen Richtungen seiner Erfüllung „anspornen", aktivieren wird.

Dieses energetische Geschehen bestimmt unsere innere Empfänglichkeit, von der M. Montessori im Folgenden spricht:

„Die innere Empfänglichkeit bestimmt, was aus der Vielfalt der Umwelt jeweils aufgenommen werden soll, und welche Situationen für das augenblickliche Entwicklungsstadium die vorteilhaftesten sind. Sie ist es, die bewirkt, dass das Kind auf gewisse Dinge achtet und auf andere nicht. Sobald eine solche Empfänglichkeit in der Seele des Kindes aufleuchtet, ist es, als ob ein Lichtstrahl von ihr ausginge, der nur bestimmte Gegenstände erhellt, andere hingegen im Dunkel lässt. Die ganze Wahrnehmungswelt des Kindes beschränkt sich dann mit einem Male auf diesen einen hell erleuchteten Bezirk."

Wir können unsere Aufmerksamkeit umso besser steuern, je transparenter uns das benannte energetische Geschehen wird; je transparenter uns unsere Berührung von den Bewegungen der Wirklichkeit wird.

Denn diese Berührung bestimmt das energetische Geschehen, indem sie es „stört" und dadurch energetische Mangelzustände, die sogenannten Bedürfnisse erzeugt.

Indem ich beispielsweise verstehe, dass das Spüren von Hunger auf einen Mangel an Nahrung zurückzuführen ist, kann ich durch eine ausreichende Mahlzeit dafür sorgen, dass dieser energetische Mangelzustand ausgeglichen und mein Bedürfnis nach Nahrung befriedigt wird. Nach dem Essen wird mein Bewusstsein demzufolge nicht mehr vom Hungergefühl angezogen, sondern richtet sich auf etwas anderes, auf ein anderes Bedürfnis, das befriedigt werden will.

Die Bedürfnisse also, sind die Ursachen, die psychophysischen Wurzeln der Bewegungen unserer Aufmerksamkeit: Hunger, Durst, Spaß, Wonne, körperliches und seelisches Wohlbefinden, geistige Herausforderung, Sinn des Handelns, Selbstwert, unaufhörliche Neugierbefriedigung; dies ist keine vollständige Liste, sondern ein kleiner Versuch, anzudeuten, in welche Bereiche und Dimensionen wir hineinhorchen und hineinschauen sollten, wenn wir daran interessiert sind, die Ursachen der Bewegungen unserer Aufmerksamkeit zu finden.

Wir können unsere Aufmerksamkeit dann am besten steuern, wenn wir es lernen, die gesunde und qualitative Sättigung aller unserer psychophysischen Bedürfnisse, die letztendlich energetische Störungen sind, durch Verantwortung und Organisation zu gewährleisten!

Nur darf diese Sättigung nicht nur und nicht lediglich passiv die momentan vorhandenen bzw. bewussten Bedürfnisse berücksichtigen, sondern möglicherweise auch all die, die noch nicht mal wach sein können, weil unser Wesen sich in seiner ganzen Gesamtheit vielleicht noch nicht so weit geöffnet hat, um von den mannigfaltigen – und von einer unersättlichen Fülle gesteuerten – Bewegungen der bedingten Wirklichkeit „gestört" zu werden!

10. Der Lebensfülle-Mangel

Es gibt im Leben zwei große Versäumnisse, die möglich sind...

Das erste besteht darin, sich mit weniger zufrieden zu geben, als das Leben in seiner gänzlichen Fülle anbietet. Das Leben nämlich ist zu groß, um es klein zu spielen. Und wenn man es klein spielt, dann „rächt" es sich! Denn es ist zutiefst und zurecht „beleidigt".

Kommt man zum Beispiel nicht dazu, sich ganz zu spüren, weil gesellschaftliche Normen oder Elternhaus-Geschichte einen davon „abgehalten" haben, so wird man die Tiefen, Weiten und Höhen menschlichen Seins nur zu einem geringen Grad kennenlernen...

Hat man nun den Lebensimpuls in seiner unteilbaren Ganzheit doch gespürt und will man diesem Impuls, diesem Élan Vital den größtmöglichen Ausdruck „erlauben", so besteht das zweite große mögliche Versäumnis darin, Arten und Weisen des Ausdrucks, der Nahrung und der Befriedigung nachzugeben oder nachzujagen, die der Weisheit, die dem Leben innewohnt, wesensfremd sind; Arten und Weisen, die mit der Natur des Lebens – seinem Ursprung und den unveränderbaren natürlich-reinen Gesetzmäßigkeiten seines Geschehens und Existierens – nicht übereinstimmen.

Beispielsweise ist es eine der Lebensweisheit wesensfremde und unnatürliche Verhaltensweise, eine Erkältung zu ignorieren und sein Arbeitspensum trotz Schlappheit beizubehalten, anstatt dem Körper die dringend benötigte Ruhe und Erholung zu geben.

Über diese möglichen zwei Versäumnisse muss auch gesagt werden, dass sie auch ungewollt stattfinden können. Dann nämlich, wenn wir in einer Lebenskultur und -situation heranwachsen, die sowohl unseren natürlichen Bedürfnissen nicht ganz gerecht wird, als auch der halbwegs natürlichen Art und Weise, durch die diese Bedürfnisse befriedigt werden könnten.

Kriegt man als Kind beispielsweise gezeigt, dass Trauer und Schmerz „unnormal" und zu unterdrücken sind, ist es sehr wahrscheinlich, dass das Unterdrücken von Trauer und Schmerz auch im Erwachsenenalter fortgesetzt wird, obwohl dies unnatürlich ist. Denn Trauer und Schmerz machen einen Menschen genauso aus wie Freude und Wohlsein und wollen ausgedrückt werden.

Noch schlimmer ist es, wenn wir uns dem Stattfinden der beiden Lebensversäumnisse (noch) nicht bewusst sind!

Wir könnten uns eine Intensitätsskala des „Leidens" vorstellen; ihre Intensität steigert sich parallel zum Angehäuftsein obiger vier Umstände: erstes Versäumnis (1), zweites Versäumnis (2), mangelhafte Lebensumstände (3) und Unbewusstheit (4).

Das Leiden ist am intensivsten, wenn alle vier Umstände gleichzeitig angehäuft sind.

Ist keiner dieser Umstände der Fall, wird also der Natur des Lebens entsprochen und mit ihr restlos übereingestimmt, und zwar willentlich und bewusster weise, so zeigt sich das Leben in seiner gänzlichen Fülle.

Halten wir nun das fest, was sich als der Problemkern in allen vier obigen Problemumständen verbirgt: in allen diesen Umständen herrscht immer entweder zu viel oder zu wenig von etwas.

Das erste Versäumnis bringt einen **Mangel an Lebensfülle** mit sich (1).

Das zweite einen **Mangel** an natürlichen bzw. einen Überfluss an unnatürlichen **Arten und Weisen des Ausdrucks, der Nahrung und der Befriedigung** (2).

Mangelhafte Lebensumstände (3) und **fehlende Bewusstheit** (4) können das Problemausmaß zusätzlich verstärken.

In diesem Sinne könnten wir auch von einer Gleichgewichtsstörung oder von einem *Gleichgewichtsman-*

gel sprechen, einem Mangel von einem ganzheitlichen Gleichgewicht unseres *gesamten* Lebens.

Übersteigt dieser Gleichgewichtsmangel in unserem gesamten menschlichen psychophysisch-organischen Leben das Maß des Erträglichen, dann haben wir es mit einer Störung zu tun, mit einem Nicht-Stattfindenlassen und Nicht-Seinlassen des natürlichen Lebenszustandes oder Lebensgeschehens.

Solch eine Störung kann je nach Stärke der Verringerung unseres Wohlbefindens in der Tat als ein gravierendes Problem betrachtet und verstanden werden.

Unter einer solchen Art der Störung fällt auch das ADHS-Phänomen oder ein ADHS-Problem. Stellt ADHS wirklich ein Problem dar, so kann es gelöst werden, wenn die *Quellen* identifiziert und verändert werden, aus denen sich die *Bewegungskräfte* unserer Aufmerksamkeit speisen.

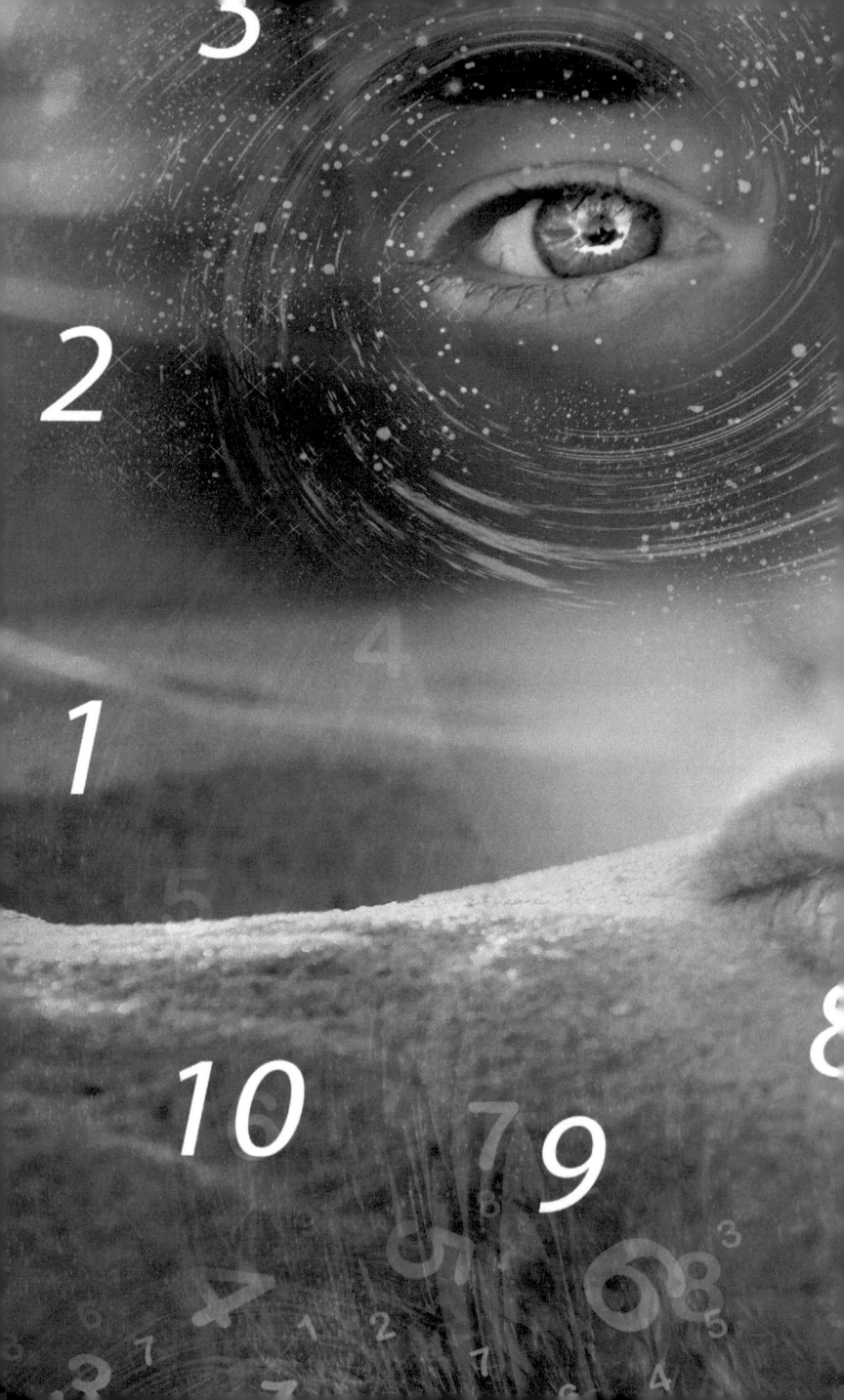

„Alle leben ein unterschiedliches Leben, und einige
haben Schwierigkeiten, die
andere nie erfahren werden.
Aber wir alle teilen das glei-
che Universum, die gleichen
Naturgesetze und die glei-
che grundlegende Aufgabe,
in der kurzen Zeit, die wir
in der Welt haben, Sinn zu
schaffen, und für uns und die
Menschen um uns herum von
Bedeutung zu sein.

Drei Milliarden Herzschläge.
Die Uhr tickt."

Sean Carroll

11. Die Kraftgeneratoren

Vermeintliche ADHS-Erscheinungen können verborgene oder sogar offensichtliche Motivationsprobleme (MDS) und/oder Kraft- oder Energieprobleme (EDS) und/oder Kompetenzprobleme (KDS) sein.

Würden wir dieses dreifache Ursachen-Modell auseinandernehmen und uns in seine tieferen Schichten begeben, so bekämen wir eine gesamte Übersicht aller Generatoren (Erzeuger) der Kräfte und der sie regulierenden Gesetzmäßigkeiten, die für eine intakte und natürliche Funktion unserer Aufmerksamkeit notwendig sind.

Es ist mir bewusst, dass die mögliche Tragweite dieser vertiefenden Einsicht in die Quellen einer stabilen, weil allumfassend genährten Aufmerksamkeit den Rahmen dieses Kapitels eigentlich sprengt und einer längeren Abhandlung würdig ist. Sie soll jedoch kurz skizziert werden, um ein vollständigeres Verständnis von ADHS zu erreichen, welches die wahren ADHS-Ursachen sowie deren Transformation beinhaltet.

Sowohl durch meine eigene ADHS-"Betroffenheit" als auch durch die langjährige Arbeit mit ADHS-Klienten in allen Altersstufen und den unterschiedlichsten

ADHS-Initialursachen habe ich immer wiederkehrend folgende – sich gegenseitig ergänzende und aufeinander wirkende – Kraftgeneratoren identifiziert, die eine natürlich gesunde Aufmerksamkeitskraft nähren oder, wenn sie mangelhaft oder vielleicht überschüssig sind, zu ADHS führen können.

Existenzielle Wirklichkeit

Der von seiner *Tragweite* her erste Kraftgenerator wurzelt in der tiefsten Ebene unseres Daseins. Er betrifft unsere Befindlichkeit am grundsätzlichsten, vorrangigsten und allumfassendsten. Er beantwortet bei jedem von uns die Fragen: „Wer oder was bin ich?" und „Was ist die Wirklichkeit und wie tickt sie?" und "Was ist? Was soll ich? Was muss ich?".

Unsere existenzielle – ob religiös, spirituell oder naturalistisch getragene – Totalität, Situation und deshalb auch Gestimmtheit ist *der hellste und alles durchscheinende Stern* unseres psychophysischen Universums.

Weist diese (existenzielle) Kraftquelle Instabilitäten auf, so verdunkelt sich *ziemlich alles*, auch wenn die anderen Kraftgeneratoren vollständig intakt wären. Befindet sie sich aber im Zustand *der Fülle*, dann geht es uns gut, auch wenn die anderen Kraftgeneratoren relativ gestört oder geschwächt sein könnten.

Seelische Genährtheit

Emotionale und motivationale Genährtheit ist die von ihrer Bedeutsamkeit her zweitwichtigste *Kraft generierende Komponente* unseres stabilen Wohlbefindens und unseres Aufmerksamkeitsvermögens.

Dieser Kraftgenerator wird adäquat gespeist, wenn wir in *emotionaler Freiheit* leben und wenn wir *motivational ausgeglichen* sind.

Emotionale Freiheit bedeutet, dass (1) entstehende Emotionen Raum und Sauerstoff für ihr Entstehen, Geschehen und Vergehen haben und (2) wir durch angemessenes ganzheitliches Wachstum einer möglichen krankhaften und unnötigen Emotionalität den Nährboden entziehen.

Motivationale Ausgeglichenheit bedeutet, dass mindestens ein Gleichgewicht herrscht zwischen dem, was wir wollen bzw. brauchen, und dem, was wir müssen, und dass das, was wir wollen, erfüllt wird, und das, was wir müssen, bewältigt wird. Darüber hinaus kann eine motivationale Ausgeglichenheit richtig verankert werden und tiefe Wurzeln schlagen, wenn Natürlichkeit und Freiheit als Haupt„kräfte" unseren Lebenskompass in Betrieb halten.

Emotionale Freiheit und motivationale Ausgeglichenheit sind Bereiche, die ungeheure Kraft auf unsere Aufmerksamkeit üben (können).

Energetisches Gleichgewicht

Hier geht es um das Wissen und das Bewusstsein der Wichtigkeit ausreichender und qualitativer Energie. Das bedeutet sowohl die Bewegungskraft, die wir brauchen, um unsere Aktivitäten aus dem Vollen heraus anzugehen, als auch den ausreichenden Verbrauch überschüssiger Energie.

Die zwei Schlüssel energetischer Weisheit sind Nahrung und Bewegung; beides im allgemeinen Sinne: körperlich, seelisch und geistig. Es geht also um die Weisheit multidimensionaler Energieerfahrung, sowohl in ihrem aufnehmenden als auch in ihrem auspowernden/verbrauchenden Charakter; sowohl im Genährt-werden-wollen unseres Energiemangels als auch im Verbraucht-und Entfaltet-werden-wollen unseres Energieüberschusses.

Geistige Klarheit

Wir alle haben schon in unserer Kindheit durch die Aufforderung der Erwachsenen leider auch die Gewohnheit entwickelt, uns immer dann, wenn wir etwas nicht verstehen oder von einem Inhalt oder einer Aufgabe überfordert werden, uns übermäßig stark zu konzentrieren. Das *strapaziert* unsere Aufmerksamkeit!

Das Problem dabei ist, dass wir uns dieser Gewohnheit sehr selten bewusst sind, da sie sich immer sehr subtil und schnell als Wahrnehmungsstärke verkleidet. Dieses Problem ist jedoch auch stellvertretend für alle geistigen Kämpfe und Unklarheiten und an unserer Kraft zehrenden Überlastungen.

Die Lösung dagegen besteht in der Bewusstwerdung und in der Verantwortungsübernahme in all den Bereichen, in denen wir Verständnis- und Kompetenzlücken haben, und die für uns persönlich und beruflich von vitaler Bedeutung sind.

Damit wir lückenlos verstehen, was noch nicht ganz klar ist/war, und vollständig verinnerlichen, was wir noch nicht gelernt haben.

Damit wir ein realitätsgerechtes Gespür und Management für das noch zu Lernende, Wissende und Seiende entwickeln.

Damit unser Geist in all seinen Herausforderungen und in all seinen Vorlieben und in all seinem sowohl freien als auch gezieltem Tätigsein von Klarheit durchdrungen ist.

Organismisches Handeln

Der letzte hier benannte Kraftgenerator resultiert natürlicherweise aus den anderen.

Wenn alle anderen vier Kraftgeneratoren in Ordnung sind, so sieht unser Leben *dann* in Ordnung aus, wenn wir aus der Tatsache einer grundsätzlichen existenziell-seelisch-energetisch-geistigen Genährtheit ein entsprechend intelligentes *Handeln* herausgewinnen. Je vollständiger und klarer wir durch die anderen Kraftgeneratoren *in der Realität stehen* können, desto stabiler und fließender können wir *gehen*.

Das mag abstrakt und sehr allgemein klingen, doch die vier anderen Kraftgeneratoren schenken eben *Nahrung und Wissen auf allen Ebenen*. Es kann, darauf beruhend, nur noch *gehandelt* werden (1), oder *gewusst* werden, wann *nicht* gehandelt werden muss (2). Und dies beides *organismisch*:

Organismisches Handeln ist das Tun, Schaffen oder Aktivsein, was sowohl aus uns heraus *natürlicherweise* in Erscheinung tritt und sich *automatisch* in Bewegung setzt als auch in Beachtung und durch Erfüllung *aller* Gesetze der *Wirklichkeit* stattfindet, die das menschliche organismische Dasein *ermöglichen*, *bestimmen* und *verwirklichen*.

Jeder darf *wissen* wollen, was (nur) ist und was zu *tun* ist. Wenn das Wissen *fehlt*, dann muss dies *zuerst* erfolgen. *Dann* aber, *notwendigerweise*, das *Tun*.

Keiner, der das notwendige Wissen *hat,* „darf" sich beschweren, wenn er *nicht das* bekommt, erlebt oder ist, was sich *nur durch sein Handeln* manifestieren kann.

12. Der gemeinsame Schlüssel

Ziehen wir alle Kraftquellen unserer Aufmerksamkeit – existenzielle Wirklichkeit, seelische Genährtheit, energetisches Gleichgewicht, geistige Klarheit und organismisches Handeln – ernsthaft in Betracht, so werden wir unter anderem zur Schlussfolgerung kommen, dass alle diese Kraftquellen *jeden* von uns betreffen, und dass bei *keinem* oder *ganz wenigen* von uns alle diese Kraftgeneratoren *tadellos* arbeiten. Bedeutet das dann, dass wir *ADHS-Betroffene* sind?...

Die Befindlichkeitsursachen und Verhaltenserscheinungen, die mit ADHS bezeichnet werden, resultieren aus einem Qualitäts- oder Betriebsamkeits<u>mangel</u> oder Betriebsamkeits<u>überschuss</u> der genannten Kraftgeneratoren. Dies hat zur Folge, dass die jeweiligen Bedürfnisse in den entsprechenden Lebensbereichen nicht ausreichend oder <u>gar nicht</u> oder <u>falsch</u> erfüllt werden.

Unerfüllte Bedürfnisse führen zu einer inneren *Unruhe*. Diese kann, je nach Stärke der Unerfülltheit von Bedürfnissen, stürmischer oder sanfter sein. Je stürmischer, d.h stärker, desto wahrscheinlicher, dass entsprechendes Verhalten das Etikett *ADHS* bekommt.

Diese innere Unruhe *ist der gemeinsame Schlüssel* zu allen Ursachen, die unsere Aufmerksamkeit bewegen.

Sie ist positiv, wenn es für unser Wohlergehen wichtig ist, dass sich unsere Aufmerksamkeit auf bestimmte Dinge richtet, damit natürliche und gesunde Bedürfnisse erfüllt werden.

Sie ist negativ, wenn sie durch unerfüllbare oder falsche bzw. illusionäre Bedürfnisse entsteht.

Genauso negativ ist sie, wenn richtige Bedürfnisse mit den falschen Maßnahmen erfüllt werden – und das manchmal in Übermaß!

In allen diesen drei Fällen liegt kein Aufmerksamkeitsdefizit bzw. kein wahres ADHS vor, sondern ein Erfülltheits-Defizit bestimmter Bedürfnisse! Dies ist kein Wortspiel, sondern eine ernstgemeinte Tatsache; und beantwortet leider noch nicht die Frage, warum man von *Aufmerksamkeits*-Defizit- oder *Hyperaktivitäts*- oder -*Impulsivitäts*- oder -*Problemverhaltens*syndrom spricht... Warum muss eine Verhaltenserscheinung, d.h. ein *Symptom*, als das Syndrom oder die Störung gesehen werden und nicht die wahre Störung, d.h. die Quelle oder Ursache des jeweiligen Problems?

Sollte man sich fragen, welche Bezeichnung geeigneter wäre für die Symptome, die zur Zeit von vielen unter ADHS zusammengefasst werfen, dann sollten die Fragen eher lauten: „Wie nennt man ein *emotionales Nahrungs*-Defizit?" oder „Wie nennt man ein *Lernerfolgs*-Defizit?" oder „Wie nennt man ein *Alltagsstruktur*-Defizit?" und so fort. Die direkt sichere, gemeinsame und vorrangige Antwort auf alle diese Fragen? *Nicht* ADHS!

Sollten wir uns jedoch, da es hier nicht vorrangig um den Namen, sondern um die Sache geht, damit abfinden wollen, die Bezeichnung ADHS für Verhaltensweisen zu benutzen, die aufgrund *innerer Unruhe* zu einer mehr oder weniger *problematischen* Kontrolllosigkeit der Funktionsweise und der Bewegung unserer Aufmerksamkeit führen, dann ist es schon wichtig zu wissen, was uns diese innere Unruhe eigentlich im Kern und insgesamt *sagen* will...

„Was uns erschöpft, ist die Nichtin-
anspruchnahme der Möglichkeiten
unserer Organe und unserer Sinne,
ist ihre Ausschaltung, Unterdrückung ... Was aufbaut, ist Entfaltung. Entfaltung durch die Auseinandersetzung mit einer mich im
Ganzen herausfordernden Welt."

Hugo Kükelhaus

TEIL IV - Die Zutaten der
Lebensfülle

13. Die Botschaft des ADHS

ADHS ist ein Segen, weil es uns unverblümt eine Not mitteilt, die gehört und verstanden werden will und muss. Es ist eine gesunde und dringende *Reaktion* auf die *Selbst-Entfremdung*, die uns (gesteuert oder unbeabsichtigt) die menschliche Weltentwicklung aufzwingen will.

Ein ADHS-Verhalten ist eine Reaktion psychisch gesunder Menschen, die gegen das, was faul läuft, einen entschiedenen Widerstand leisten. Ein ADHS-Verhalten ist ein innerer Schrei: „Liebe Welt, ich fühle mich *nicht* wohl in Dir und das *beunruhigt* mich zutiefst. Ich weiß nicht, was ich *tun* soll... *Hilfe!*"

Platon bringt's mit einfachen Worten auf den Punkt. Er spricht vom *naturwidrigen* Leben:

„Woher ferner die Krankheiten entstehen, ist wohl jedem einleuchtend. Da es nämlich vier Gattungen gibt, aus denen der Körper zusammengefügt ist, Erde, Feuer, Wasser und Luft, so ist es der naturwidrige Mangel oder Überfluss derselben sowie die Vertauschung der dem einen zukommenden Stelle mit einer ihm fremden."

Also führt nach Platon ein naturwidriges Leben zu

einem Überfluss und/oder einem Mangel und/oder manchmal sogar einem falschen Gebrauch und daher auch zu einer Verwirrung von Lebenskräften.

ADHS ist eine solche grundsätzliche *Verwirrung* bzw. ein *fehlerhaftes Mischverhältnis natürlicher Lebensenergie*.

ADHS ist das Ergebnis einer Lebensweise, die von einer Vielzahl von Unnatürlichkeiten bombardiert und verunreinigt wird.

Erwachsene ADHS-Betroffene können vielleicht selbstständig, vielleicht mit einer gewissen Hilfe von anderen, sich des ADHS-Geschehens bewusst werden.

Kinder und Jugendliche, die von ADHS betroffen sind, brauchen jedoch fast immer die Hilfe, das Wissen und die Unterstützung der Erwachsenen.

In beiden Fällen kann ADHS in seiner „Negativität" vollständig aufgelöst und in seiner „Positivität" vollständig kontrolliert werden.

Und zwar auf natürliche Weise, indem die Quellen unserer Aufmerksamkeitskraft – existenzielle Wirklichkeit, seelische Genährtheit, energetisches Gleichgewicht, geistige Klarheit und organismisches Handeln – gereinigt und entstört werden, so dass ihr sich selbst aufrechterhaltender Zyklus natürlicherweise fließt und sich durch ein fühlendes Leben nährt.

Werden bei Reinigung und Entstörung dieser Quellen die Gesetzmäßigkeiten der Natur *missachtet*, so wird sich ADHS *nicht auflösen*.

Das ADHS-Geschehen ist ein starker Hinweis auf die *Notwendigkeit*, über den *wahren* Inhalt der Begriffe ‚Natur', ‚natürlich' und ‚Störung' zu meditieren und zu kontemplieren, ihn durch wahre Wissenschaft und tiefes Verständnis zu durchdringen und ihm durch ein *wahrhaft natürliches Leben* gerecht zu werden.

Damit hätten wir gleichzeitig nicht nur die Lösung für ADHS, sondern bedeutend mehr. Wir stünden schon mit einem Fuß im Reich der Fülle.

14. Die Dimensionen von Genährtheit

Unter *Nahrung* verstehen wir gewöhnlicherweise physische Nahrung. Wenn wir sie aufnehmen, verwandelt sich diese in Energieformen, die auf unterschiedlichste Weise unsere gesamte körperlich-manifestierte Existenz gewährleisten. Dabei sind eine ausreichende Menge wie auch Qualität erforderlich. Dann sind wir gut genährt und so fühlen wir uns auch.

Im übertragenen Sinne jedoch gibt es auch emotionale und auch geistige und auch existenzielle Genährtheit. Wir brauchen alle diese Formen der Genährtheit, damit wir ein ganzheitliches Wohlbefinden erleben.

Sind die für uns notwendigen Nahrungsarten *mangelhaft* oder *falsch erfüllt*, so bewirkt die dadurch entstehende *innere Unruhe* (unter anderem) eine Störung der Bewegungsweise unserer *Aufmerksamkeit*.

In meinem Verständnis ist eine *Störung* das Nicht-Stattfinden und Nicht-Seinlassen des *natürlichen* Zustandes oder Geschehens von etwas.

Natürlich ist etwas, das der Natur seiner *selbst* entspricht und mit ihr *restlos übereinstimmt*.

Und *Natur* ist der Ursprung von etwas einschließlich der unveränderbaren Gesetzmäßigkeiten seines Geschehens und Existierens. In ihr zeigt sich, was etwas wirklich ist und wie es wirklich ist.

Die Genährtheitsdimension der Realität

Die existenzielle Wirklichkeit ist eine Dimension von Genährtheit, die entweder unbewusst oder schwer fassbar sein kann. Sie ist so vorrangig und omnipräsent und allumfassend, dass wir sie nicht leicht mitkriegen können. Sie ist nämlich kein Objekt. Sie ist aller Raum und aller Kontext, in dem sowohl *wir* als auch *alles andere* als auch die *gesamte* bekannte und vorgestellte Welt *enthalten* sind.

Sie zeigt sich immer dann, wenn wir eine einigermaßen unmissverständliche Wahrnehmung oder Erkenntnis haben von dem, was Wirklichkeit bedeutet, und zwar sowohl *die* Wirklichkeit als auch *unsere* Wirklichkeit. Und das, was wir dabei wahrnehmen und erkennen bestimmt die Grundqualität und daher auch vorrangigste Nahrung unserer Existenz, unseres Seins, unseres Daseins.

Die Bedeutung dieser Dimension von Genährtheit ergibt sich also direkt, sobald sie erkannt wird, und durchdringt (durch das, was sie ist,) alles.

„...Denn insofern wir intelligente Wesen sind, können wir nur das be-gehren, was notwendig ist, und über-haupt nur mit dem uneingeschränkt zufrieden sein, was wahr ist. Sofern wir daher dieses richtig erkennen, sofern stimmt das Bestreben des bes-seren Teils von uns mit der Ordnung der ganzen Natur überein."

Benediktus de Spinoza

Die psychische Dimension von Genährtheit

Psychische oder seelische Genährtheit speist sich aus unserem Gefühlsleben. Unser Gefühlsleben ist das, was die Gesamtheit unseres Erlebens emotional mit uns macht.

Unser Gefühlsleben betrifft unsere emotionale Beziehung zu allem. Zu dem, was wir tun. Zu dem, was wir tun, aber nicht wollen. Zu dem, was wir wollen, aber nicht tun oder nicht zulassen. Zu anderen. Zu dem, was geschieht. Zu dem, was ist. Zur Wirklichkeit und all ihren Facetten. Und zu uns selbst *auch* oder *erst recht*.

Seelisch werden wir genährt, wenn unser Spüren frei wird oder ist, damit sich das Geschehen, was uns psychisch ausmacht und bestimmt, gemäß seiner Natur realisieren kann.

Die energetische Genährtheit

Die gleich nächste wichtige Nahrungs- oder Genährtheitsdimension ist die Beschaffenheit der Energie, die uns ausmacht und uns auch bestimmt.

Ist man sich darüber einig, dass alles (Manifestierte) Energie ist, so sind wir es *auch*. Unabhängig davon, dass die Energieformen, die wir insgesamt sind, grob- oder feinstofflicher, und physisch, psychisch oder geistig sind.

Wir *sind* Energie, wir *nehmen* Energie *auf*, wir sind *sich verwandelnde* Energie, und wir *verbrauchen* Energie.

Wir nehmen auf und verbrauchen physische, psychische und geistige Energie.

Dafür müssen oder können oder sollen wir *aktiv*, *wach* und *spürend* Verantwortung übernehmen, und zwar am besten *innerhalb* des Rahmens unserer Möglichkeiten und in *Übereinstimmung* mit den entsprechenden Gesetzen der Wirklichkeit.

Die Genährtheitsdimension des Geistes

Damit wir die geistige Genährtheit erreichen, die für die gesunde Bewegungsweise unserer Aufmerksamkeit *mitverantwortlich* ist, brauchen wir klares Wissen.

Hier geht es um Information und Verinnerlichung:

Welches Wissen brauche ich wofür?
Welche Arten von Wissen gibt es?
Welche Bereiche des Wissens gibt es?
Wie viel von all dem notwendigen Wissen habe ich

schon?

Wie bekomme ich noch das Wissen, das mir fehlt?

Welches Wissen muss ich nur geistig verinnerlichen und welches mir durch Praxis einverleiben, damit es zu sicherem Können wird?

Diese und weitere solcher Fragen müssen eine klare *Antwort* bekommen. Nur *dann* sind wir geistig klar, entspannt und frei. Erst dann können wir unsere Verantwortung klar wahrnehmen, übernehmen und zielsicher *handeln*.

15. Das wohlorganisierte Leben

Alle Dimensionen von Genährtheit, die wir brauchen bzw. die uns ausmachen, sind *nicht* voneinander getrennt, sondern immer organismische Teile einer *Ganzheitlichkeit*. Wir *sind* diese Ganzheitlichkeit. Wir sind eine seelisch-energetisch-geistige Ganzheitlichkeit, die in *diesem Universum* existiert, also in einer Wirklichkeit mit einer bestimmten *Beschaffenheit* und bestimmten *Gesetzen* des Seins und des Werdens.

Wir sind ein seelisch-energetisch-geistiges Geschehen und Erleben, was nicht allein im Nichts schwebt, sondern in einer allumfassenden *Wirklichkeit* existiert und sogar aus dieser heraus *hervorgeht*.

ADHS löst sich und hebt sich in einem *Leben* auf, in dem *alle* Dimensionen unserer Ganzheitlichkeit miteinander *organismisch nahtlos verbunden sind*, d.h. *organisiert* sind, d.h. *so miteinander angeordnet* sind, dass sie das, was und wie und wofür wir als Organismus *gedacht* sind zu sein, *erfüllen*.

Hieraus ergibt sich, dass unsere Aufgabe eine organisatorische ist. Wir müssen die Nahrung aller uns ausmachenden Dimensionen besorgen, und das in einer Weise, in der sich die unterschiedlichen Nahrungsarten organisch und organismisch zusammenfügen, damit sie zusammen ihren Gesamtzweck erfüllen, nämlich unser Wohlbefinden, unser Genährtsein, unser Erfülltsein. *Das* ist unsere Aufgabe. *Das* müssen wir erfüllen. Und zwar durch unser *Handeln*.

Sollten Wohlbefinden, Genährtsein und Erfülltsein nicht zweifellos im Grundgesetz oder in der Verfassung menschlichen Zusammenlebens gewährleistet sein, so müsste dies noch geschehen. Und zwar für *alles* Lebendige. Nicht nur für Mitmenschen.

Warum für alles Lebendige? Weil alles *Lebendige* Manifestation von *Lebendigem* ist.

Was (also) für das Organisieren unserer Erfüllung nur noch fehlen könnte, wäre die ausreichende Intelligenz *der Geselligkeit*.

Jeder, jede und jedes Lebendige hat das Recht, *frei zu sein*, vor allem in der Bestimmung der eigenen Erfüllung.

Diese Freiheit hat *Grenzen*. Ihre Grenzen beginnen und hören genau an der Stelle auf, an der die Freiheit von jemandem *anders* verletzt oder gestört wird.

Das zu wissen, wie <u>die Freiheit</u> von einem *einzelnen* Lebewesen <u>mit dem *Zusammensein*</u> von Lebewesen miteinander <u>harmonieren kann</u>, *solches Wissen* macht die Intelligenz der Geselligkeit aus.

16. Aufmerksamkeit und Erfüllung

„Durch das Zusammenkommen unseres Impulses-zur-Zufriedenheit mit dem – aufgrund der Gesetze der Wirklichkeit – psychophysisch nie zu erreichenden Zustand des absoluten Equilibriums, entsteht beständig in uns das Empfinden, das etwas fehlt und uns vom absoluten Equilibrium fernhält. Dem Empfinden dieses Mangelzustandes geben wir die Bezeichnung ‚Bedürfnis‘."

Bedürfnis ist also das *Fühlen*, dass uns etwas fehlt und das wir deshalb brauchen und das wir daher automatisch wollen. Zum Beispiel Wasser. Durst ist das Empfinden des *Mangels*, der das Bedürfnis nach *Wasser* bedeutet.

Es ist selbsterklärend, dass eine <u>innere Unruhe</u> immer zeitlich nahtlos entsteht in dem Moment, in dem ich etwas, <u>was ich brauche</u>, z.B. Wasser, weil ich Durst, in diesem Fall also Wasser-Mangel, empfinde, <u>nicht bekomme</u>. Und je *länger* das Fehlen dessen, was ich *brauche*, andauert, desto stärker wird meine innere *Unruhe*. Nicht wahr?

Und ist es nicht genauso einleuchtend, dass sich mein Bewusstsein *darauf* richten wird, was und wo

Wasser ist?

Aufmerksamkeit ist die *Gerichtetheit des Bewusstseins*. Sie verkörpert die Hinwendung unseres *Fühlens* zu *dem* hin, was *gebraucht* wird.

Sollte es vorkommen, dass für einen Moment oder länger *nichts gebraucht wird*, und daher nichts gemerkt werden muss, so *ruht* die Aufmerksamkeit.

Das, was *unbewusst* ist und stattfindet, „müssen" wir nicht merken.

Erleben oder Leben bedeutet Spüren. Spüren findet innerhalb von Bewusstsein statt. Was gespürt wird, darauf richtet sich das Bewusstsein, d.h. darauf werden wir aufmerksam, d.h. das nehmen wir wahr.

Wir können nur das wollen, von dem wir spüren, dass wir es brauchen.

Spüren, dass wir etwas brauchen, können wir in einem nicht angespannten, freien Zustand.

Erfüllung existiert, wenn der Wille, der uns ausmacht, befriedigt, d.h. gut genährt wird.

Der Wille, der uns ausmacht, ist die Gesamtheit aller unserer Bedürfnisse. Der Weg zur Erfüllung ist das *Kennen* aller unserer Bedürfnisse, also des *Willens*, der uns ausmacht, und alles organisierte *Handeln*, das diesen Willen *befriedigt*.

Unsere *treueste* Gefährtin auf dem Weg zur Erfüllung ist unsere Aufmerksamkeit.

Ennealog des aufmerksamen Lebens

Ein Leitfaden

„Deutlich heben sich in der Er-
innerung die wenigen Gedanken
hervor, die wir in den Jahren der
Routine und der Sünde mit verwandten Seelen führten, die uns
weiser machten; die sprachen, was
wir dachten; die uns sagten, was
wir wussten; die uns erlaubten, das
zu sein, was wir innerlich waren."

Ralph Waldo Emerson

Ennealog des aufmerksamen Lebens

Ein Leitfaden

„Bei den Aufenthalten von Carl Rogers in Hamburg, Anfang der achtziger Jahre des vorigen Jahrhunderts, zeigte sich beeindruckend, wie leicht, liebevoll und aufrichtig der inzwischen Achtzigjährige seine therapeutischen und menschlichen Begegnungen gestaltete. Es bedarf wohl eines lebenslangen Lernens, um elementare mitmenschliche Seiten zum Ausdruck zu bringen, um so einfach, mitfühlend und real zu werden wie er, sich im Kontakt mit anderen Menschen dem Ereignisstrom der eigenen Einfälle, Gedanken und Gefühle so anvertrauen zu können."

Es bedürfte mindestens eines weiteren Buches, um diese Hommage Inghard Langers (1943-2013) an Carl R. Rogers angemessen zu würdigen.

Weniger schwer fällt es mir hingegen, Inghard Langer selbst mit diesen selben (obigen) Worten zu würdigen. Ich hatte die Ehre und das unermessliche Glück, etwas Zeit, auch wenn eine ziemlich kurze, mit Inghard zu verbringen, und dies gab mir, verglichen mit anderen entsprechenden Erfahrungen, so viel, dass es nicht mal in Jahrzehnten messbar wäre... Warum?

Er verkörperte ein biotisches Energiefeld, was ich bis dahin so nicht kannte; einen Raum von Lebensenergie, in dem sich Offenheit, Präsenz, Spüren, Wahrnehmen und Kommunikation in einem „nahrhaft" sehr befriedigenden Schwingungsgrad fließend und lückenlos manifestierten.

Und selbstverständlich möchte ich nicht unerwähnt lassen, dass Inghards Aufmerksamkeit sowohl *ganz wach und da* war als auch klar und lückenlos *auf die Sache gerichtet*, und zwar auf mehreren Ebenen *gleichzeitig...*

Vor dem Hintergrund eines solchen Vorbilds führe ich folgenden Ennealog des aufmerksamen Lebens ein.

Ennealog des aufmerksamen Lebens

Ich bin, also fühle ich.

Ich fühle, also bin ich – bewusst.

Ich bin Energie und Raum.

Ich atme frei und natürlich.

Was dieses Atmen stört, nehme ich wahr.

Solches Stören beseitige ich, indem ich handle.

Was mein Atmen nährt, nehme ich wahr.

Solche Nahrung besorge ich, indem ich handle.

Ich fühle frei...

Zitatnachweise

In der Reihenfolge, wie sie in diesem Buch erscheinen

----

07 *Ich weiß nicht:* Gleick (2014), 8

11 *Er ritzte:* Gleick (2014), 18

11 *Während seine:* Neffe (2006), 29

14 *Die Aufmerksamkeit:* Csikszentmihalyi (1999), 168

27 *Jeder weiß:* James (1890), 403-404

35 *Volle Aufmerksamkeit:* Goleman (2007), 88

42 *Aber wie kann:* Saul (2015), 19-20

50 *In der Zone:* Robinson (2009), 87

53 *Die Aufmerksamkeit:* Csikszentmihalyi (1999), 168

55 *Die innere:* Montessori (1987), 51-52

63 *Alle leben:* Carroll (2017), 433

74 *Was uns erschöpft:* Kükelhaus (1978), 14

77 *Woher ferner:* Platon, *Timaios,* 82a

82 *Denn insofern:* Spinoza, *Ethik,* IV, Anhang, Hauptsatz 32.

89 *Durch das:* Tzivanakis (2006), 23

93 *Deutlich heben sich:* Emerson (1838)

95 *Bei den Aufenthalten:* Langer & Langer (2005), 88

Literaturquellen

Carroll, Sean, *The Big Picture*, New York 2017.

Csikszentmihalyi, Mihaly, *Lebe gut!*, Stuttgart 1999.

Emerson, Ralph Waldo, *Rede vor der Divinity School*, 1838.

Gleick, James, *Isaac Newton*, Düsseldorf 2014.

Goleman, Daniel, *Social Intelligence*, London 2007.

James, William, *The Principles of Psychology*, New York 1890: Henry Holt, Vol. 1.

Kükelhaus, Hugo, *Fassen, Fühlen, Bilden*. Organerfahrungen im Umgang mit Phänomenen, Köln 1978.

Langer & Langer, *Jugendliche begleiten und beraten*, München 2005.

Montessori, Maria, *Kinder sind anders*, München 1987.

Neffe, Jürgen, *Einstein*, Reinbek bei Hamburg 2006.

Platon, *Timaios*, 82a.

Robinson, Ken, *The Element*, London 2009.

Saul, Richard, *Die ADHS-Lüge*, Stuttgart 2015.

Spinoza, Benediktus de, *Ethik*, Teil IV, Anhang, Hauptsatz 32.

Tzivanakis, Ioannis, *Über das Wollen*, im Lernintelligenz-Magazin Nr. 0, Hamburg 2006.

Über den Autor

Ioannis Tzivanakis ist 1966 in Griechenland geboren. Seine frühe Kindheit verbrachte er in Deutschland, absolvierte dann Grundschule und Gymnasium in Griechenland, kehrte 1985 nach Deutschland zurück  und studierte **Linguistik** und **Sprachphilosophie** an der Universität Bremen. Seine Schwerpunkte waren **Semantik**, **Bewusstseinsforschung** und **Ganzheitlichkeit**.

Seit 1996 ist er als Ausbildungsleiter und Lernberater in den Bereichen **Lernintelligenz**, **Lernprobleme**, **Legasthenie**, **Dyskalkulie** und **ADHS** in Deutschland, Frankreich und weiteren europäischen Ländern tätig.

2006 und 2007 gab er vier Ausgaben des **Lernintelligenz-Magazins** heraus zu den Themen **Lerngrundlagen**, **Lernintelligenz**, **Management** und **Spiritualität**.

2013 erschien sein Buch „**Schulasthenie**".

Weitere Informationen finden sich im Internet unter: **www.tzivanakis.de**